POEMAS DE AMOR

Catulo

POEMAS DE AMOR

Traducción de José María Álvarez y Noelia Illán Conesa

Prólogo de Noelia Illán Conesa

RENACIMIENTO

Colección Poesía universal
SERIE MENOR

15

www.editorialrenacimiento.com
BUGANVILLA, I • 41907 VALENCINA DE LA CONCEPCIÓN (SEVILLA)
tel.: (+34) 955998232 • editorial@editorialrenacimiento.com

Diseño de cubierta: Marie-Christine del Castillo

DEPÓSITO LEGAL: SE 828-2026 • ISBN: 979-13-87939-69-4
Impreso en España • Printed in Spain

PRÓLOGO

Conocí a José María Álvarez hace ya muchos años. Durante ese tiempo dichoso de amistad, mi querido maestro no sólo me enseñó infinitas lecciones de vida, sino que me adiestró en las lecturas necesarias y en los autores que uno debía conocer según su criterio para ser mejor. Compartimos muchas conversaciones sobre Literatura (en mayúscula, como a él le gustaba escribirlo), donde comentábamos éste o aquel autor, matizábamos nuestras impresiones tras segundas lecturas, o redescubríamos poetas de juventud que ya habíamos casi olvidado. En esas muchas charlas agradables a la vera de una ginebra –o degustando un cigarro de cara al mar, o incluso en su estudio, rodeados de esos libros maravillosos que todo amante de la literatura querría tener–, uno de los autores recurrentes era Catulo.

Catulo fue uno de esos poetas, digamos, de cabecera para José María. Nunca dejó de tenerlo a mano, como a otros tantos autores clásicos. Hablábamos sobre la magia de algunos pasajes latinos, cómo de repente te asaltaba ese «trallazo» —así lo llamaba él— en mitad de un poema de Propercio, o cuando las tropas de Augusto eran derrotadas en el bosque de Teutoburgo, o ante la cólera de Dido desde el promontorio. Hablábamos de este o aquel autor, y yo le decía que volviera a leer a Horacio, que cuanto más lo leía más me emocionaba, y él me decía entonces que de nuevo estaba con la Palatina, o releyendo a los líricos griegos, o inmerso en los cantos de la Eneida. Su amor por el mundo clásico era más que evidente, no sólo en cuanto a escritores latinos, sino que su admiración se desplazaba a otros campos (pienso cómo hablaba del viejo Augusto, como él solía llamarlo, o cuánto amaba a su manera a Adriano, al que *habría seguido con orgullo*); su devoción llegaba incluso hasta Grecia, hasta Safo y Arquíloco, hasta los tempos de Sicilia, o al embrujo de Delfos. Era, como digo, un entusiasta del mundo clásico en el sentido más amplio de la palabra, y ese amor también nos unía a nosotros.

Tuve la suerte de comentar al detalle con él muchos aspectos de la obra de Catulo, y en una de esas ocasiones en que hablábamos del poeta me dijo: «¿Por qué no hacemos una traducción de los poemas de amor?». Evidentemente no pude negarme. No sólo me gustaba el reto de ponerme a traducir a mi querido latino, sino que trabajar de manera conjunta con José María en una traducción de Catulo era una fantasía hecha realidad. Nos pusimos manos a la obra enseguida hace ya algunos años (eligiendo los poemas que entrarían en esa antología o descartando otros más «flojos»), pero por las vicisitudes de la vida —y sus compromisos literarios en los últimos tiempos, como las nuevas ediciones a sus obras o los recientes poemarios— dilataron esta traducción hasta llegado ya el 2023. A finales de ese año, nos pusimos «en serio» a elegir los que queríamos incluir, de lo que resultó esta selección de treinta poemas, todos de temática amorosa, ya sea en el sentido romántico de la palabra, ya en el invectivo.

En los meses previos a su prematura muerte, José María estuvo ultimando su traducción, siempre trabajada desde la transcripción casi literal que yo le había hecho del latín al castellano. Nuestra intención era hacer una traducción libre, más acorde a nuestra lengua actual, impregnándolo con el sello del estilo de Álvarez, que en otras ocasiones tan bien ha funcionado para un lector hispanohablante (recordemos su alabada traducción de Kavafis o de Hölderlin, entre otros). Pese al riesgo que se corre en este campo y las críticas que sabíamos que se harían de dicha traducción, nos pareció un homenaje hermoso al poeta latino, a la par que una aventura filológica que nos llenaba de dicha por trabajar codo con codo.

José María murió en julio de 2024. No verá este libro editado o posando en las librerías, como sé que le habría encantado. El último día que pasamos juntos, un mes antes de dejarnos, me dijo que tenía ya la traducción de Catulo terminada, y que sólo alguna «cosita» quería comentarla conmigo, por si yo estaba de acuerdo o no. Aquel manuscrito —que leí con la devoción de los viejos escribas— contenía la traducción de estos poemas, ya sin tachones ni interrogantes, ni esas marcas que él solía hacer junto a versos dudosos o susceptibles de cambio. La leí varias veces en voz alta, para ver cómo sonaba. Aquella traducción ya no era la mía, la pedestre que yo le había dado, sino que tenía otro ritmo, otro tono que ya era de Álvarez. Tras valorar el resultado final, di por válida esta última versión suya.

Fue lo último que José María trabajó. Huelga decir que guardaré estas hojas como oro en paño.

NOELIA ILLÁN CONESA

POEMAS DE AMOR

*P*ASSER, *deliciae meae puellae,*
  quicum ludere, quem in sinu tenere,
cui primum digitum dare appetenti
et acris solet incitare morsus,
cum desiderio meo nitenti
carum nescio quid lubet iocari,
et solaciolum sui doloris,
credo, ut tum grauis acquiescat ardor:
tecum ludere sicut ipsa possem
et tristis animi leuare curas!

Pajarito, delicia de mi niña,
    con el que juega y tiene en su regazo,
al que le da la yema de sus dedos cuando le apetece,
y al que suele incitar a deliciosos picotazos,
cada vez que ella –que es mi delirio resplandeciente–
gusta de jugar a un placer que desconozco,
que su dolor consuela,
creo, para que así, entonces, el profundo ardor se calme:
¡ojalá pudiera yo jugar como ella
y aliviar las tristes penas de mi ánimo!

Lvgete, o Veneres Cupidinesque,
et quantum est hominum uenustiorum:
passer mortuus est meae puellae,
passer, deliciae meae puellae,
quem plus illa oculis suis amabat.
nam mellitus erat suamque norat
ipsam tam bene quam puella matrem,
nec sese a gremio illius mouebat,
sed circumsiliens modo huc modo illuc
ad solam dominam usque pipiabat;
qui nunc it per iter tenebricosum
illud, unde negant redire quemquam.
at uobis male sit, malae tenebrae
Orci, quae omnia bella deuoratis:
tam bellum mihi passerem abstulistis.
o factum male! o miselle passer!
tua nunc opera meae puellae
flendo turgiduli rubent ocelli.

Llorad, Venus y Cupidos,
y cuantos hombres son de Venus:
el pájaro de mi niña ha muerto,
el que era las delicias de mi amada,
más querido por ella que sus ojos.
Pues era cariñoso y la conocía
como una niña a su madre,
y no se movía de su regazo,
sino que dando vueltas ahora aquí, ahora allí,
piaba sólo por ella.
Ahora va por ese camino tenebroso,
desde donde nadie, dicen, vuelve.
Sea el mal para vosotras, terribles tinieblas
del Orco, que devoráis todo lo que es hermoso:
pues me arrebatasteis un pajarito tan hermoso para mí.
¡Oh, destino terrible, oh, pobre pájaro!
Ahora los ojos de mi niña, recordándote,
se enrojecen, hinchados de llorar.

Vivamvs, mea Lesbia, atque amemus,
rumoresque senum seueriorum
omnes unius aestimemus assis!
soles occidere et redire possunt:
nobis cum semel occidit breuis lux,
nox est perpetua una dormienda.
da mi basia mille, deinde centum,
dein mille altera, dein secunda centum,
deinde usque altera mille, deinde centum,
dein, cum milia multa fecerimus,
conturbabimus illa, ne sciamus,
aut ne quis malus inuidere possit,
cum tantum sciat esse basiorum.

¡Vivamos, Lesbia mía, y amémonos,
y que los rumores de los viejos insensibles
nos importen menos que un as!
Los soles pueden esconderse y volver a salir:
nosotros, tan pronto como muera esa breve luz
dormiremos una noche perpetua.
Cómeme con mil besos, luego cien,
entonces otros mil, luego doscientos,
luego incluso otros mil, luego cien...,
entonces, cuando hayamos gozado muchos miles,
los desordenaremos, para que no sepamos cuántos,
o para que ningún envidioso pueda odiarnos,
cuando sepa cuántos son.

Qvaeris, quot mihi basiationes
tuae, Lesbia, sint satis superque.
quam magnus numerus Libyssae harenae
lasarpiciferis iacet Cyrenis
oraclum Iouis inter aestuosi
et Batti ueteris sacrum sepulcrum;
aut quam sidera multa, cum tacet nox,
furtiuos hominum uident amores:
tam te basia multa basiare
uesano satis et super Catullo est,
quae nec pernumerare curiosi
possint nec mala fascinare lingua.

Preguntas cuántos besos tuyos para mí
serían suficientes, Lesbia.
Tantos como el enorme número de arenas de Libia
yace en Cirene, productora de laserpicio,
entre el oráculo del solar Júpiter
y el sepulcro sagrado del viejo Bato.
O como las muchas estrellas que, cuando calla la noche,
miran los amores furtivos de los hombres.
Que tú me des tantos besos
es bastante y suficiente para el loco Catulo,
tantos que los curiosos no puedan enumerar
ni maldecir con su terrible lengua.

Miser Catulle, desinas ineptire,
et quod uides perisse perditum ducas,
fulsere quondam candidi tibi soles,
cum uentitabas quo puella ducebat
amata nobis quantum amabitur nulla.
ibi illa multa cum iocosa fiebant,
quae tu uolebas nec puella nolebat,
fulsere uere candidi tibi soles.
nunc iam illa non uolt: tu quoque inpotens noli,
nec quae fugit sectare, nec miser uiue,
sed obstinata mente perfer, obdura.
uale, puella, iam Catullus obdurat,
nec te requiret nec rogabit inuitam.
at tu dolebis, cum rogaberis nulla.
scelesta, uae te, quae tibi manet uita?
quis nunc te adibit? cui uideberis bella?

Pobre Catulo, deja de hacer el imbécil,
y considera perdido lo que ves que ha muerto.
Te alumbraron en otro tiempo los soles brillantes,
cuando ibas a donde esa mujer te llevaba,
amada por mí como ninguna lo será.
Entonces, cuando existían tantos juegos,
que deseabas y la muchacha no despreciaba,
resplandecían para ti soles brillantes.
Ahora ya aquella no quiere: tú, impotente, tampoco
   quieras,
ni persigas a lo que huye, ni vivas esa miseria,
sino endurece tu corazón, resiste.
Adiós, muchacha, ya Catulo resiste,
y no te buscará ni te rogará contra tu voluntad.
Mas tú te dolerás, cuando no seas perseguida.
Ay de ti, malvada, ¿qué vida te queda?

quem nunc amabis? cuius esse diceris?
quem basiabis? cui labella mordebis?
at tu, Catulle, destinatus obdura.

¿Quién ahora irá a ti? ¿A quién parecerás bella?
¿Ahora a quién amarás? ¿De quién serás?
¿A quién besarás? ¿De quién morderás los labios?
Pero tú, Catulo, resiste firme.

O QVI *flosculus es Iuuentiorum,*
non horum modo, sed quot aut fuerunt
aut posthac aliis erunt in annis,
mallem diuitias Midae dedisses
isti, cui neque seruus est neque arca,
quam sic te sineres ab illo amari.
«qui? non est homo bellus?» inquies, est:
sed bello huic neque seruus est neque arca,
hoc tu quam lubet abice eleuaque:
nec seruum tamen ille habet neque arcam.

Oʜ, tú, que eres capullo en flor de los Juvencios,
no sólo de estos, sino de cuantos fueron
o después serán en los años que vengan,
preferiría yo que le dieras las riquezas de Midas,
para quien no tiene ni esclavo ni dinero,
antes que permitirle que aquel te ame.
Preguntas: ¿por qué? ¿No es un hombre hermoso? Lo
    es,
pero para aquel hermoso no hay esclavo ni dinero.
Cuando te plazca, déjalo de lado y pasa de eso:
aquel no tiene todavía ni esclavo ni dinero.

32 (7)

Amabo, mea dulcis Ipsitilla,
meae deliciae, mei lepores,
iube ad te ueniam meridiatum,
et si iusseris, illud adiuuato,
ne quis liminis obseret tabellam,
neu tibi lubeat foras abire,
sed domi maneas paresque nobis
nouem continuas fututiones.
uerum si quid ages, statim iubeto:
nam pransus iaceo et satur supinus
pertundo tunicamque palliumque.

Te lo ruego, mi dulce Ipsípila,
mi delicia, mi deseo,
invítame a ir por ti a la tarde,
y, si me invitas, sólo pido una cosa:
que nadie cierre la puerta de la entrada,
ni tú salgas,
sino quédate en casa y regálame
nueve revolcones sin parar.
Y si te va bien, invítame ahora mismo:
pues tumbado recién comido y saciado,
atravieso la túnica y el manto.

Salve, nec minimo puella naso
nec bello pede nec nigris ocellis
nec longis digitis nec ore sicco
nec sane nimis elegante lingua,
decoctoris amica Formiani.
ten prouincia narrat esse bellam?
tecum Lesbia nostra comparatur?
o saeclum insapiens et infacetum!

¡Salud, niña sin nariz pequeña,
ni pie bonito ni ojos obscuros,
ni largos dedos ni boca hermosa,
ni apenas una elegante lengua,
querida del manirroto Forniano!
¿Cuenta la provincia que eres hermosa?
¿Se compara a mi Lesbia contigo?
¡Oh, siglo loco y falto de gusto!

MELLITOS oculos tuos, Iuuenti,
si quis me sinat usque basiare,
usque ad milia basiem trecenta
nec numquam uidear satur futurus,
non si densior aridis aristis
sit nostrae seges osculationis.

Si yo pudiera, Juvencio,
besar tus dulces ojos sin parar,
hasta trescientos mil besos te daría.
Nunca estaré satisfecho,
aunque fuera más densa que las espigas secas
la cosecha de nuestro beso.

*I*LLE *mi par esse deo uidetur,*
ille, si fas est, superare diuos,
qui sedens aduersus identidem te
spectat et audit
dulce ridentem, misero quod omnis
eripit sensus mihi: nam simul te,
Lesbia, aspexi, nihil est super mi [...]
lingua sed torpet, tenuis sub artus
flamma demanat, sonitu suopte io
tintinant aures, gemina teguntur
lumina nocte.
otium, Catulle, tibi molestum est:
otio exsultas nimiumque gestis:
otium et reges prius et beatas
perdidit urbes.

AQUEL me parece semejante a un dios,
aquel que, si es posible, supera a los dioses,
el que sentado frente a ti
te mira y escucha fascinado
tu dulce sonrisa, y a mí, mísero,
transtorna todos mis sentidos: pues cuando
te miro, Lesbia,
hasta mi lengua se entorpece, un tenue fuego
sale de mis articulaciones, con su propio sonido
me zumban los oídos, por una doble noche
los ojos se cubren.
El ocio, Catulo, no te conviene:
con el ocio te exaltas y te excitas demasiado.
El ocio ya antes a reyes y ricas
ciudades perdió.

CAELI, Lesbia nostra, Lesbia illa,
illa Lesbia, quam Catullus unam
plus quam se atque suos amauit omnes,
nunc in quadriuiis et angiportis
glubit magnanimi Remi nepotes.

CELIO: mi Lesbia, aquella Lesbia,
la Lesbia a la que Catulo
amó más que a sí mismo y a todos los suyos,
ahora en las esquinas y callejuelas
se la menea a los nietos del magnánimo Remo.

Nvm te leaena montibus Libystinis
aut Scylla latrans infima inguinum parte
tam mente dura procreauit ac taetra,
ut supplicis uocem in nouissimo casu
contemptam haberes, a nimis fero corde?

¿Acaso a ti te parió una leona de los montes libios,
o esa Escila que ladra en la parte baja de sus ingles
te ha parido tan hosco y repugnante,
de tal modo que desprecias la voz del que suplica
desaforado, ay, corazón insensible?

Nvlli se dicit mulier mea nubere malle
quam mihi, non si se Iuppiter ipse petat,
dicit: sed mulier cupido quod dicit amanti,
in uento et rapida scribere oportet aqua.

Mı mujer dice que prefiere no unirse a nadie
salvo a mí, aunque la pretenda el mismo Júpiter.
Lo dice: pero las palabras que la mujer dice al
    amante deseoso
podemos escribirlas en el viento o en el agua que corre.

Dɪᴄᴇʙᴀs *quondam solum te nosse Catullum,*
Lesbia, nec prae me uelle tenere Iouem.
dilexi tum te non tantum ut uulgus amicam,
sed pater ut gnatos diligit et generos.
nunc te cognoui: quare etsi impensius uror,
multo mi tamen es uilior et leuior.
qui potis est, inquis? quod amantem iniuria talis
cogit amare magis, sed bene uelle minus.

DECÍAS, Lesbia, que en otro tiempo sólo conocías a
    Catulo,
y que no preferías a Júpiter antes que a mí.
Entonces te quise no sólo como a cualquier querida,
sino como ama un padre a sus hijos y yernos.
Ahora ya te conozco: por tanto, aunque ardo más
    intensamente,
para mí eres mucho más vil y despreciable.
¿Que si es posible?, preguntas. Porque tal injuria al
    amante
lo obliga a desear más, pero a querer menos.

Desine de quoquam quicquam bene uelle mereri
aut aliquem fieri posse putare pium.
omnia sunt ingrata, nihil fecisse benigne
prodest, immo etiam taedet obestque magis;
ut mihi, quem nemo grauius nec acerbius urget,
quam modo qui me unum atque unicum amicum habuit.

Deja ya de querer ganar algo bueno de alguien
o de pensar que alguien puede volverse bueno.
Todo es ingrato, haber hecho el bien en absoluto
conviene, incluso hastía y daña más.
Como a mí, al que nadie ataca más fuerte y duramente
que el que hace poco me tuvo como único amigo.

Hvc est mens deducta tua mea, Lesbia, culpa
atque ita se officio perdidit ipsa suo,
ut iam nec bene uelle queat tibi, si optima fias,
nec desistere amare, omnia si facias.

Hasta tal punto ha caído mi ser por tu culpa, Lesbia,
y así alejándose por su lealtad,
de tal modo que ya no es capaz de desearte por
    seductora que fueras,
ni de dejar de amarte, aunque me hagas daño.

*S*IQVA *recordanti benefacta priora uoluptas*
est homini, cum se cogitat esse pium,
nec sanctam uiolasse fidem, nec foedere nullo
diuum ad fallendos numine abusum homines,
multa parata manent in longa aetate, Catulle,
ex hoc ingrato gaudia amore tibi.
nam quaecumque homines bene cuiquam aut dicere
   possunt
aut facere, haec a te dictaque factaque sunt.
omnia quae ingratae perierunt credita menti.
quare iam te cur amplius excrucies?
quin tu animo offirmas atque istinc teque reducis,
et dis inuitis desinis esse miser?
difficile est longum subito deponere amorem,
difficile est, uerum hoc qua lubet efficias:
una salus haec est, hoc est tibi peruincendum,
hoc facias, siue id non pote siue pote.

Si puede recordar las cosas buenas del pasado
un hombre, pensándose virtuoso,
y que su santa fidelidad no ha sido violada, ni que ha abusado
de pacto alguno ni haber descreído a los dioses para
    engañar a los hombres,
la dicha permanece en ti, Catulo, un largo tiempo,
dichoso a partir de este ingrato amor.
Pues todo lo que los hombres pueden decir a cualquiera
o hacer, eso ha sido dicho y hecho ya por ti.
Todas esas cosas perecieron, confiadas a la ingrata mentirosa.
¿Por qué entonces te atormentas?
¿Por qué no te reafirmas en tu ánimo y te vas de ahí,
y dejas de ser un miserable oponiéndote a los dioses?
Es difícil de golpe dejar un largo amor,
es difícil, pero lo haces porque debes:
sólo hay esta salvación, eso tienes para sobrevivir,
hazlo, tanto si no puedes como si puedes.

o di, si uestrum est misereri, aut si quibus umquam
extremam iam ipsa in morte tulistis opem,
me miserum aspicite et, si uitam puriter egi,
eripite hanc pestem perniciemque mihi,
quae mihi subrepens imos ut torpor in artus
expulit ex omni pectore laetitias.
non iam illud quaero, contra me ut diligat illa,
aut, quod non potis est, esse pudica uelit:
ipse ualere opto et taetrum hunc deponere morbum.
o di, reddite mi hoc pro pietate mea.

Oh, dioses, si tenéis compasión, si alguna vez
llevasteis una última ayuda a uno en la misma muerte,
miradme mísero y, si llevé mi vida con pureza,
quitadme esta peste y dolencia,
que se infiltra en mi ser más profunda como una parálisis,
expulsa las alegrías de todo mi corazón.
No busco ya que ella me ame
o –lo que ya no es posible– que desee ser pudorosa:
elijo estar yo mismo bien y acabar con esta negra enfermedad.
Oh, dioses, concedédmelo a cambio de mi piedad.

RVFE *mihi frustra ac nequiquam credite amice*
(frustra? immo magno cum pretio atque malo),
sicine subrepsti mi, atque intestina perurens
ei misero eripuisti omnia nostra bona?
eripuisti, heu heu nostrae crudele uenenum
uitae, heu heu nostrae pestis amicitiae.

Rufo, amigo, considerado amigo mío inútilmente y
   en vano
(¿inútilmente?, caro saliste y terrible),
¿acaso te acercaste a mí, y quemándome las entrañas
me robaste, miserable, todo lo bueno de mí?
Me lo quitaste, ay, cruel veneno de mi vida,
ay, cáncer de nuestra amistad.

Lᴇꜱʙɪᴠꜱ *est pulcer. quid ni? quem Lesbia malit*
quam te cum tota gente, Catulle, tua.
sed tamen hic pulcer uendat cum gente Catullum,
si tria notorum suauia reppererit.

Lesbio es hermoso. ¿Que no? Lesbia lo prefiere
antes que a ti y toda tu familia, Catulo.
Pero que venda ese guapo a Catulo con toda su familia,
si puede encontrar tres besos entre sus conocidos.

*N*EMO *ne in tanto potuit populo esse, Iuuenti,*
bellus homo, quem tu diligere inciperes,
praeterquam iste tuus moribunda ab sede Pisauri
hospes inaurata pallidior statua,
qui tibi nunc cordi est, quem tu praeponere nobis
audes, et nescis quod facinus facias?

¿Acaso hay hombre, Juvencio, adonde mire
más bello, que despierte mi deseo,
que ese huésped venido de la sucia casa
de Pisauro, más pálido que una estatua de oro,
que ahora llena tu corazón, a quien tú te atreves
a preferir a mí, sin saber qué delito cometes?

QVINTI, *si tibi uis oculos debere Catullum*
aut aliud si quid carius est oculis,
eripere ei noli, multo quod carius illi
est oculis seu quid carius est oculis.

Quinto: si quieres que Catulo entregue sus ojos
o alguna cosa más valiosa que sus ojos,
no le quites lo más valioso que hay,
si acaso hay algo más valioso que los ojos.

83 (22)

LESBIA mi praesente uiro mala plurima dicit:
haec illi fatuo maxima laetitia est.
mule, nihil sentis? si nostri oblita taceret,
sana esset: nunc quod gannit et obloquitur,
non solum meminit, sed, quae multo acrior est res,
irata est. hoc est, uritur et loquitur.

LESBIA, estando delante su marido, me maldice,
y esto es para ese idiota el máximo placer.
Tonto, ¿no sientes nada? Si olvidándose de mí se
    callara,
estaría curada; pero si ahora gruñe y se enoja,
es porque me recuerda, y –lo cual es mucho más duro–
está enojada. Esto es: se abrasa y habla.

Odi et amo. Quare id faciam, fortasse requiris?
nescio, sed fieri sentio et excrucior.

Odio y amo. ¿Por qué hago esto?, quizá preguntes.
No lo sé, pero siento que es así y sufro.

QVINTIA *formosa est multis, mihi candida, longa,*
recta est: haec ego sic singula confiteor.
totum illud formosa nego: nam nulla uenustas,
nulla in tam magno est corpore mica salis.
Lesbia formosa est, quae cum pulcerrima tota est,
tum omnibus una omnis surripuit Veneres.

Quinta es hermosa para muchos; para mí blanca, alta,
espigada: estas cosas yo así una por una las confieso.
Pero niego su hermosura en conjunto: pues ningún
   atractivo,
ninguna pizca de gracia hay en un cuerpo tan grande.
Lesbia sí es hermosa: todo es hermosa en ella,
sólo ella robó todas las bellezas de Venus.

*N*VLLA *potest mulier tantum se dicere amatam*
uere, quantum a me Lesbia amata mea est.
nulla fides ullo fuit umquam foedere tanta,
quanta in amore tuo ex parte reperta mea est.

Ninguna mujer puede decir que ha sido amada
tanto como mi Lesbia ha sido amada por mí.
Ninguna lealtad fue tanta en ningún pacto nunca,
como la que mi amor encontró en el tuyo.

LESBIA mi dicit semper male nec tacet umquam
de me: Lesbia me dispeream nisi amat.
quo signo? quia sunt totidem mea: deprecor illam
assidue, uerum dispeream nisi amo.

Lesbia habla siempre mal de mí y no se calla nunca.
Que me muera, si Lesbia no me ama.
¿Cómo lo sé? Porque yo hago lo mismo: la desprecio
constantemente, pero que me muera si no la amo.

Svrripvi tibi, dum ludis, mellite Iuuenti,
suauiolum dulci dulcius ambrosia.
uerum id non impune tuli: namque amplius horam
suffixum in summa me memini esse cruce,
dum tibi me purgo nec possum fletibus ullis
tantillum uestrae demere saeuitiae.
nam simul id factum est, multis diluta labella
guttis abstersisti omnibus articulis,
ne quicquam nostro contractum ex ore maneret,
tamquam commictae spurca saliua lupae.
praeterea infesto miserum me tradere amori
non cessasti omnique excruciare modo,
ut mi ex ambrosia mutatum iam foret illud
suauiolum tristi tristius elleboro.
quam quoniam poenam misero proponis amori,
numquam iam posthac basia surripiam.

TE robé mientras jugabas, dulce Juvencio,
un beso más dulce que la ambrosía.
Pero no conseguí esto impunemente: pues más de una hora
recuerdo que estuve clavado en lo alto de una cruz,
mientras me justificaba ante ti y sin que mi llanto
aplacara un poco tu crueldad.
Cuando te besé, limpiaste tus labios sucios
de saliva con tus delicados dedos,
para que nada de mi boca te contagiara,
como si fuera saliva sucia de una puta infectada.
Además, no dejaste de llevarme mísero a un amor infecto
y de torturarme de cualquier manera,
de tal modo que aquel beso de ambrosía
fue más amargo que el triste eléboro.
Puesto que propones este castigo a un amor desdichado,
ya nunca a partir de ahora besos te arrancaré.

CREDIS *me potuisse meae maledicere uitae,*
ambobus mihi quae carior est oculis?
non potui, nec, si possem, tam perdite amarem:
sed tu cum Tappone omnia monstra facis.

¿CREES que puedo yo haber maldecido mi vida,
la cual es para mí más valiosa que mis ojos?
No pude y, si acaso pudiera, no la amaría tan locamente:
sin embargo tú con Tapón haces toda clase de
   monstruosidades.

*Si quicquam cupido optantique optigit umquam
insperanti, hoc est gratum animo proprie.
quare hoc est gratum nobis quoque carius auro
quod te restituis, Lesbia, mi cupido.*

Sɪ algo sucede a alguien que lo desea y que ya
no lo espera, eso es grato en verdad para el ánimo.
Por eso, para mí también es grato —más preciado que
    el oro—
que vuelvas a mí, Lesbia, deseoso.

IVCVNDVM, mea uita, mihi proponis amorem
hunc nostrum inter nos perpetuumque fore,
di magni, facite ut uere promittere possit,
atque id sincere dicat et ex animo,
ut liceat nobis tota perducere uita
aeternum hoc sanctae foedus amicitiae.

Vida mía: deseas que sea feliz
nuestro amor y eterno para nosotros.
Dioses magnos, haced que de verdad pueda prometerlo,
y que lo diga sinceramente y de corazón,
para que nos sea lícito que toda la vida perdure
este pacto eterno de amistad sagrada.

ÍNDICE

POEMAS DE AMOR

Poemas de amor
salió de la imprenta el
9 de marzo de
2 0 2 6